우영숙 시인님

여름 길목에서

2024. 7. 24

이 효 드림.

장미는 고양이다

이효 제2시집

시인의 말

눈동자에 빛이 들어온다

새벽을 통과한 나뭇가지들

잎맥은 속도를 기억한다

태양이 나뭇잎 위로 미끄러지면
은빛으로 변한 들고양이들

비광飛光의 춤을 춘다

2024년 7월 끝자락
시인 **이 효**

이 효 제2시집 / 장미는 고양이다

시인의 말

제1부
꽃, 초인종을 누른다

10	장미꽃을 켜는 여자	20	벚꽃 2
11	더 튤립	22	꽃잎만 가득하구려
12	더벅머리 여름	23	동백꽃
13	봄 봄 봄	24	봄을 붙인다
14	장미는 고양이다	26	대나무 숲길
16	꽃, 초인종을 누른다	27	나는 지명 수배 중
17	4월	28	6월의 혈관
18	벚꽃 1	30	가을, 곶감을 말리다
19	아리랑 아라리오		

제2부
루주가 길을 나선다

34 국수 가락을 달빛에 풀어
36 감나무와 어머니
37 사월의 비가悲歌
38 루주가 길을 나선다
40 두부의 연가
42 붉은 가을을 토한 당신
43 입속의 혓바늘
44 가족의 암호
46 물음표는 그 어디에도 없다
47 당신의 금은 괜찮은지요
48 콩고강 연가
49 조문은 조문爪紋을 부른다
50 어항의 비밀
52 치약의 경계선
53 첫눈이 내리면
54 달릴 수 있을 때
55 꼬물거리면 좋겠다

제3부
발톱 없는 눈

58 한강은 춤추고 싶다
59 지금은 점검 중이다
60 발톱 없는 눈
61 마늘을 읽어 주세요
62 삼각 김밥 번호
63 창고의 슬픔
64 곡선을 동경하다
66 베이비박스
67 매미

68 뭉크의 절규
70 날개 없는 앵무새
72 경계
74 축분
75 벨 에포크
76 폭우 메뉴판
78 동백꽃, 멍이 차오른다
80 폭포를 복사한다

제4부
크레센도

84　질투의 4월
85　숲의 노래
86　크레센도
87　추상화와 구상화의 대화
88　골목의 그림자
89　가을 기도
90　호수를 빗질하다
91　12월
92　금계국
93　새해가 내려요

94　추석과 짜장면
96　1월
97　마지막 기도
98　새해는 세모난 눈이 내린다
100　저녁이 욱신거린다
102　어머님의 이력서
104　아플까 봐
105　부채와 어머니
106　작은 집

평설
107　『장미는 고양이다』와 사물화의 차별성　　**엄창섭**

제1부
꽃, 초인종을 누른다

장미꽃을 켜는 여자

소나무 숲에서 끊어진 기억

사무침이 깊어 고딕체가 된 꽃

여자의 징검다리는 벽 속에 갇혀
과거를 더듬는다

지나온 눈 맞춤은 어제의 과녁을 뚫는다

심장은 사랑에 관해 질문을 던진다

내 가슴에 블랙홀을 만들고 떠난 그

돌이킬 수 없는 우울의 침잠

마지막이란 입술을 읽다가 잠에서 깬다

슬픔을 기억하는 심장은 말을 아낀다
장미꽃을 다시 켜는 여자

더 튤립

암스테르담이 그리운 날은
꽃대 위로 지루한 시간이
선지처럼 붉게 흐른다

푸른 잎 뒤로 써 내려간
땅속 깊이 묻어둔 고독
눈물의 무게 알뿌리로 자란다

아버지를 닮은 뿌리가
희망의 봄을, 불끈
땅속에서 음표 하나 세운다

더벅머리 여름

물속에서 소리와 빛깔을 터트린다
도시인들 자존심도
태양 아래서 가식의 옷을 벗는다

영혼이 푸른 더벅머리 나무 위로
하얀 물고기들 흘러간다
도시의 자존심을 물에 헹군다
발가벗고 물장구치던 더벅머리 아이들

여름이 가위로 잘려나가기 전
다시 한번 거울 속으로 들어간다
슬픈 도시를 영롱한 눈빛으로 채운다

봄 봄 봄

담벼락 아래 어린것들
누가 심어 놓았을까

바람도 땅의 통증을 토닥여준다

처마 밑 그림자
서로의 상처에 햇살을 발라주니
단추만 한 꽃, 오늘을 든다

봄은
피어오르는 것들
안온한 눈빛으로 읽어 준다

장미는 고양이다

그 사실을 장미는 알고 있을까

앙칼스러운 눈빛, 날 선 발톱, 애끓는 울음소리
고혹적으로 오월의 태양을 찢는다

지붕 위로 빠르게 올라가 꼬리를 세운 계절
고양이 모습은 장미가 벽을 타고 올라
왕관을 벗어 던진 고고함이다

때로는 영혼의 단추를 풀어도
찌를 듯한 발톱이 튀어나온다

왜 내게는 그런 날카로운 눈빛과 꼿꼿함이 없을까

내 심장은 언제나 멀건 물에 풀어놓은 듯
미각을 잃는 혓바닥 같다

고양이의 주체적이고 독립적인 눈빛은
장미의 심장과 날카로운 가시의 고고함이다

고양이는 붉은 발톱으로 오월의 바람을
천川 자로 할퀴고 간다
장미의 얼굴에는 오월의 핏빛이 칼날 위에 선다

나는 오월의 발톱을 기르고 있다

꽃, 초인종을 누른다

세상의 모든 꽃들 아름답다고
꽃병에 전부 꽂아둘 수는 없는 것

화병에 물을 주는 남자
말라가는 꽃에 초인종을 단다

야위어 가던 밤도 고독한 인연도
서로에게 비상벨이 된다

심장이 술렁거린다
내가 너의 등이 되어 주리라

그대를 가슴에 안고
절망의 시작, 고요의 끝을 본다

봄의 숲, 산짐승의 긴 울음
홀로 소리를 잘라내야 하는 순간

꽃에 초인종을 누른다
벗어 놓은 신발 속, 비번 풀린 꽃잎 가득하다

4월

꽃은 옷을 벗는다

부질없는 것들

그리움마저 날아간다

가지마다 뚝뚝

사라진 음영

그 자리 붉다

벚꽃 1

출렁이는 파란 하늘
물에 비친 열두 폭 벚나무

발꿈치 들고, 꽃잠 깬 무희들
그 소리, 참 하얗다

바람이 가야금 줄에 올라탄다
봄이 팅겨져 나오는 소리

놀란 벚꽃이 하르르 쏟아진다

아리랑 아라리오

흔들리는 봄, 꽃잎 떨어진다

조선은 빛을 잃은 넋
어디로 흘러가나
아리랑 아라리오
두들겨 맞은 힘없는 말

귀를 잘린 여린 꽃송이
벌겋게 부풀어 오른 봄
아리랑 아라리오
새들도 쪽잠들 집이 있는데

천둥 그치면 흰 구름 따라
조국 품으로 돌아오려나
아리랑 아라리오
꽃무덤이 된 연지곤지 찍을 자리

젖몸살 같은 봄, 젖은 하늘을 닦는다

벚꽃 2

봄의 폭설을 보아라

아름답다는 말을 차마 뱉지 못하고
내 입술이 벌어져 꽃이 되었다

그냥 울어 버릴까
하얗게 뿌려놓은 웃음인지 울음인지

꿈속을 거닐 듯
내 앞에 펼쳐진 그리움의 연서를
소리 없이 읽는다

바람에 꽃잎 하나 날아와
내 입술에 짧은 키스 남기고 떠나면
시간은 영원한 봄날이 된다

하얀 포말로 밀려오는 숨이여!

마지막 입맞춤에 독이 있다 하여도
나 그대와 함께 와르르 무너지리

울타리 없는 봄날에

꽃잎만 가득하구려

또다시, 봄은 왔건만
한평생 숲에서 매화나무만 심은
그 남자, 언 땅에
봉분도 없이 묻혔구려

붉은 매화가 벙글거리는 봄
고목에도 꽃은 피었는데
당신 누운 자리 꽃잎만 가득하구려

산등성 온통 붉게 물들이고
이제는 홀로 남은 내게
당신은 향기로 다가오는구려

진도에 붉은 매화가 피면
사람들 웃음소리 출렁이는데
아무리 찍어도 찰칵, 텅 빈 봄

먼 산, 비에 젖어드는구려

동백꽃

저 가지 끝에
주먹만 한 슬픔이 피었더라
한 겹씩 애증을 벗으니

그 속에 노란 편지
쪼그만 얼굴로 있더라

하늘을 펼쳐놓고
붉은 사랑 한 송이씩 떨구니

살 끝에 남은 그리움
동백꽃 한 송이 말을 잃는다

봄을 붙인다

벽이 나를 가둔 곳에
꽃과 새들이 몰려온다

할퀸 상처를 뜯어내고
말갛게 씻은 풍경을 풀어
살갗이 오른 벽지를 붙인다

서로를 읽지 못한 시간들
끈적한 울음을 붓질하고
벽지 뒷면에 절망을 지운다

곰팡이가 핀 시어들
햇살과 바람에 말려 창가에 널면
벽 모퉁이에 노란 팬지가 자란다

천장에 거꾸로 피는 꽃들
줄기는 자라 벽을 타고 내려와
방안에는 웃음꽃이 핀다

봄은
누군가의 마음에 꽃이 자라도록
향기를 바르는 일

끈끈한 속살이 창문 안에 차오르는 일이다

대나무 숲길

통도사 종소리 겨울을 벗고
참회하는 대나무들은
비루하지 않은 고뇌를
사그락거리며
침묵으로 하늘을 든다

귓속을 걷는 인내의 시간
직선으로 땅의 기운을
끌어안고 봄의 발목을
단단한 뼈마디로 세운다

혼탁한 세상 속에서도
타협하지 않는 지성이여
내일을 향한 푸른 기상
함께 일어나 외친다

너처럼 푸를 수만 있다면
내 혼탁한 소리를 땅에 묻고 싶다

나는 지명 수배 중

3월과 4월, 벽을 허문 경계선

생명을 덮은 비닐을 걷어 올린다
겨울을 견뎌낸 눌린 숨소리

몸살 같은 봄의 서막이 오르고
저 푸른 여름을 향해 바람은 뜨겁다

잡풀을 뽑아준다는 것은
거짓을 눕히고, 진실을 세우는 일

엄지와 검지로 뽑아 버린 삶과 죽음
생명을 키우기 위해 죄인이 된 나

악연일까, 인연일까

민들레밭에 슬픔과 기쁨의 물을 준다
자유가 뻗어 나간다, 출렁이는 톱니바퀴 잎들

잡풀들의 목을 비튼, 나는 지명 수배 중

6월의 혈관

가시 돋은 피가 온몸을 할퀴며 간다

몸은 거대한 산맥
장기들 깊숙이
흐르는 진한 사색은
한평생 그가 살아온 길을
흑장미로 출력한다

주삿바늘은 부질없는 것들을 기억하고
돌아누운 벽은 무채색 숨소리로 흐느낀다

명함 하나 없는 삶도
주머니가 깊지 못한 삶도
끈질기고 싶은 순간이다

혈관을 타고 도는 과거의 연민은
피의 가시에 수없이 찔린다

새벽마다 짐승의 힘으로
뿔로 세상을 밀고 달린 남자

하루를 중얼거린 무너진 산은
급한 내일을 수혈받는다

먼 산, 6월의 혈관은 시퍼런 울음 누른다

가을, 곶감을 말리다

손가락으로 시간을 눌러본다
속과 겉이 똑같을까

한여름 뒤축이 닳은 태양
물컹한 너를 맛본다

주황의 달짝지근한 맛은
과거의 시간을 넘나든 속살

나의 들끓는 고뇌는
부드러워진 오후 3시

입술은 붉은 열매를 애무하며
혀로 시간을 탐한다

나는 툭, 상념 하나
세상에 뱉어버린다

드디어 가을이 경이로워지는
순간…

제2부
루주가 길을 나선다

국수 가락을 달빛에 풀어

반죽을 치댄다
밀대로 하루를 납작하게 민다

소리가 무성하게 자란 시장 안
시퍼런 칼날에 잘려나간 시간

양푼 안에는 민낯의 면발과
청양고추 마늘이 스며든다

아버지의 어깨는
이방인들의 뜻 없는 대화로 기울어진다

꿈에서 한 번쯤, 구름의 속살을 반죽해
비행기를 타고 싶었을

한평생 날아보지 못한 시퍼런 칼날
두려움으로 받아냈을

붉은 펜으로 가계부에 밑줄 친 어제
끊어진 내장들은 보들보들

얼굴은 흥건한 달빛에 풀어지고

감나무와 어머니

당신과 함께 심었습니다
손가락만 한 감나무

돌짝밭 손끝이 닳도록 함께
땅을 파내려 갔습니다

바람은 햇살을 끌어다 주고
가족은 새벽을 밀었습니다

오늘, 그 감을 따야 하는데
당신은 가을과 함께 먼 곳으로
떠나셨습니다

식탁 위 접시에 올려진 감 하나
차마 입으로 깨물지 못합니다

한평생 자식들에게
하나님의 사랑과 헌신을
온몸으로 땅에 쓰고 가르치신 어머니

그렁한 내 눈은 붉은 감빛이 되었습니다

사월의 비가悲歌

자색 빛 목련 따라
꽃그늘 아래 멈춘다
오월이 오는 소리
맨살로 꽃잎 떨어질 때면
서울 간 누이 생각난다
스무 살 세상을 알기도 전
자색 립스틱 바르고
가녀린 가지 위에서
바람에 흔들렸을 노래들
안부를 묻는 계절, 그 살갗

노래방 술병 안에 나비가 갇혔다

루주가 길을 나선다

잊혀진 한 사람이 그리울 때

안부는 붉다

시작과 끝은 어디쯤일까

헤어질 때, 떨어진 저 침묵

루주가 진해질수록

그리움의 변명은 파랗다

인연은 호수에 배를 띄워 다가가는 것

거울 앞 침침한 시간들

부러진 루주 끝에도 심장은 뛴다

내가 먼저 길을 나서는 것은

슬픔과 후회가 거기 있기 때문

운명을 바른다

두부의 연가

검정 비닐 속 뭉개진 두부는

버리지 마, 기울어지는 식탁 모서리
냉장고 속에서 냉기를 먹는 하루

황금 들판을 기억하며
멍석 위에서 슬픔을 말리는 여자

누군가 힘껏 내리친 도리깨
꿈은 먼 하늘로 튕겨나간다

탁탁 탁탁탁 탁탁 탁탁
모진 시간이 여자의 껍질을 벗긴다

차가운 물속에서 붉은 낮과 밤
젖은 몸 일으켜 세운다

세상 오래 살다 보면 두부도 뭉개지잖아
여자의 무너진 몸이 우렁우렁 운다

서로의 얼굴에 생채기를 낸 저녁
열 개의 손가락으로 만두를 다시 빚는다

무너진 사랑은 저버리는 게 아니야

붉은 가을을 토한 당신

숲에서 아버지 닮은 눈빛을 찾는다

여름을 지나 채도를 낮춘 가을
온화한 빛으로 나를 안아준다
바람이 쓸고 간 먹먹한 시간들
바위에서 꺼낸 아픈 문장들

남자의 폐가 붉은 가을을 토한 순간
멀리 달아난 어린 새, 당신 닮은
떠돌던 그리움을 안주머니에 밀어 넣고
이른 아침 창문을 실오라기 웃음으로 닦는다

올가을 당신 닮은 숲을 볼 수 있을까요

입속의 혓바늘

손가락 끝, 봄은 언제 오려나

새 주민등록증, 살점이 떨어져 나간
사라진 등고선은 기억을 더듬는다
할배, 보름만 일하지 말고 다시 와서 찍소

누가 볼까 낯선 땅 뒷간에서
혼자 먹던 주먹밥은 핼쑥한 눈물
빙판길에서 나르던 연탄지게
관절 부러진 시침은 배고픈 자식들 표정

절벽인지 난간인지 추에 매달린 하루
등짝 하나 수평으로 붙일 땅도 없다
살아남아야 해, 살아남아야 해

아직도 아물지 못한 검은 문장들
혓바늘은 바람보다 먼저 마중 나온다

가족의 암호

전화기 속 뒷걸음질하는 목소리
봄이 납치당했다

꽃잎 뜯듯이 중얼거리는 이천만 원

분명 아내 목소리
보이스피싱 비린내를
창끝으로 날카롭게 찍어냈다

전파가 낭자한 저녁은
AI 딥보이스

딥페이크 만드는데 2분
오늘을 흐느끼는 아내는 20초

AI에게 아침마다 물을 주면
어느 날 산타클로스 표정으로
로봇 아내가 현관문을 열고 들어오겠지

가족만의 암호를 만들어야겠다
여기는 "무덤" 오바
거기는?

그것도 아니면
여기는 "머엉"
거기는?

물음표는 그 어디에도 없다

여자의 뱃속에 분홍 구두가 자란다
호루라기를 부는 빨강 내복 입은 남자
여자의 목소리 끝에는 마침표만 있을 뿐
물음표는 없다

우물에서 질문을 퍼올린다
하늘로 날아가고 싶은 새 한 마리
까칠한 호박잎 같은 날들
홀로 따가움을 견뎌야 했다

전쟁의 페달을 밟고 온 어머니를
이겨보겠다고 깃을 세운 어린 심장
빨간 내복 남자는 독수리 부리로
새끼 품은 여자를 쪼아댄다

대문 앞, 목소리를 잃은 눈사람
정오의 햇살로 소리 없는 슬픔
말갛게 흘러내린다

기도가 다시 숨을 토하는 순간이다

당신의 금은 괜찮은지요

초등학교 3학년 5반, 반이 바뀌고
가슴이 콩닥거릴 시간도 없이
순간, 내 생애 최초로 받은 경계선

칼로 그은 직선 하나 앞에
무참하게 잘려나간 지우개 하나
어른이 되어서도 가슴에 금이 남아있다

선배 주선으로 나간 미팅
잘 생긴 청년이 신청한 애프터
가슴이 콩닥거렸지만 선을 그었다

그놈이 바로 그 자리에 나왔다
저울로 달아 돌려보낸 거절의 선

그런 내게 어머니는 호미로 선을 그으며
꽃씨를 뿌리고 물을 주셨다

사람들은 가슴속에 저마다 지워야 할 금이 있다

콩고강 연가

야자수는 홀로 노래 부른다
고향은 외딴섬 수평선 너머
흑백 사진으로 몸살 앓는다

하루 종일 숲에서 서성이며
고향의 소리를 더듬는다
마음 밭에 그리움이 붉다

숲은 한 방울의 눈물로
푸른 옷을 갈아입는다
기억의 장소로 떠날 채비를 한다

섬과 섬 사이, 뼈마디로 다리를 놓는다
홀로 출렁거렸을 침묵의 물결
그리움은 먼 하늘이 된다

나무의 오랜 꿈, 석양에 쓰는 편지
슬프지만 잘 견디어 냈노라고

조문은 조문爪紋을 부른다

조문객들은 향을 피우고
머리를 숙이게 하라

홀로 우는 반달
검정 장갑 낀 고양이가
끼워준 하얀 장갑

공동묘지에서
풀을 끓여 먹으며
비가를 써 내려간 남자
촛농으로 찍은 마침표

꽃밭을 읽는 시인을 위해
한평생 대문을 열어 놓은 여자

애증의 손톱으로 마당을 훑고 간다

어항의 비밀

입을 접어둔 울음들이 꼬리로 간다

누군가 바라보는 시선, 괜찮아
절반의 몸을 투명 유리로 읽는다

싱싱했던 웃음이 사라지는 순간
네모난 벽에 갇혀버린 몸

애처로운 눈빛을 주워 담는, 그녀
혹은 부풀고 있는 중

침대 위에서 숨을 죽인 물고기들
모니터 안에 핀 붉은 꽃

두려움은 인간을 고독한 섬으로 만든다

떨어진 비늘을 공유하는 물고기들
5인실 바닥, 내일을 맞추는 퍼즐들

끝까지 가봐야지 문신 같은 말
울음이 말라서 누워 버리면 저녁

농도 짙은 웅크린 통증은 중얼거린다
살아날 수 있을까?

치약의 경계선

은퇴한 남자는 다 써버린 치약
튜브 안 물컹한 낮잠은 맹물 맛
치약 끝을 돌돌 말아 남자를 세상 밖으로 미는 여자
종일 사나운 말은 초록을 잃어버린 지 오래지만
장마 속 싸움은 지렁이를 자르는 일
젊은 날, 쭉쭉 나오는 부드러움이 그리운 여자
성난 여름은 누런 이빨의 염증을 가라앉히지 못한다
하루를 짜고, 밀고, 던지고 계급장 뗀 부부

치약을 바르고 뭉갠 황혼은 뿌옇다
가을 한 모금으로 헹궈낸 남자의 우울증
젊은 날 죽은 듯, 산 듯 부러진 우산을 쓴
여자 가슴에 난 길은 아직도 젖어 있다
부부는 선풍기 앞에서 여름을 훌러덩 벗어던지고
서로의 염증을 오래도록 말린다
벽에 걸린 낡은 결혼사진이 말을 건다
머리가 파뿌리 되려면 아직도 멀었어
잘라내기, 붙이기, 잘라내기, 붙이기

미처 읽지 못한 튜브 속 당신을 사랑하려고
오늘도 식은 밥을 나눠 먹는다

첫눈이 내리면

오랜 시간 나무의 비밀은
자동문처럼 가슴을 연다
동백꽃 한 송이 뚝, 눈 위에 떨어진다
붉어진 눈송이 안부가 울먹인다

빨강 망토의 소년은 사라지고
가지마다 쌓인 오래된 그리움
마른 잎으로 어제를 털어 낸다
오늘은 방안까지 눈이 내린다

계절을 쓸고 밀어 보지만
눈이 녹은 벽지마다 얼룩진 슬픔
사방은 온통 붉은 이름 석 자
꽃무늬로 흔적을 남긴다

마음에 창문을 내고, 깊고 우렁한 이름 하나
기억의 나무에서 말은 건다

첫눈이 나무에 앉으면
돌아온 첫 키스가 새초롬히 꽃처럼 뜬다

달릴 수 있을 때

강촌역으로 가는 기차가 사라진 자리
철로는 아직도 누군가를 기다린다

미루나무 조팝나무는 4월을 달리고
빨강 티셔츠, 청자켓, 핑크 남방, 여자 셋
두 팔로 하늘을 들고 찰칵, 까르륵

잣나무 사이로 부는 바람
브이로, 하트로, 서로에게 보내는 노래

철도는 낮게 몸을 숙이고 말을 건다
인생 별거 없어 나처럼 신나게 가는 거지
꽃 소리, 바람 소리 들어주는 거지

함께 걷다가 너무 힘들면
영산홍 활짝 핀, 엉덩이 만한 돌 위에
잠시 쉬었다 가면 그만이지

기차 옆 시계는 오후 3시
유리 구두 대신 운동화를 신은 여자 셋
마법의 종소리 풀릴까 손잡고 달린다

꼬물거리면 좋겠다

울타리 안 감나무
매달린 감은 할머니 엉성한 이

시집온 지 여러 해가 넘은 새댁
뱃속은 언제나 공실

익지 않은 시퍼런 말
툭, 떨어진다
입맛은 화석이 된다

태양도 샤워를 마친 여름
여자의 가슴에 가을이 흐른다

침묵만이 열려있는 나무
소문난 이파리만 반질거린다

내년에는 붉은 감이 뱃속에
벌겋게 들어앉아 꼬물거리면 좋겠다

제3부
발톱 없는 눈

한강은 춤추고 싶다

물새 발자국 따라가니
천년 뱃사공 노래 흐른다

한강의 싱싱했던 눈
아파트 병풍에 둘러싸여
백내장 걸린다

푸른빛을 잃어버린
백제의 유물처럼 건져 올린
죽은 물고기 떼, 녹슨 비늘

펄펄 뛰던 꿈은 비린 표정
비누 거품 집어삼킨 물고기들
점점 부풀어 오른 탄식

맑게 흘러가야 사람이고 강물이지
강물을 빠른우편으로 부친다

지금은 점검 중이다

비릿한 젖내음이 사라진 세상
속도를 멈춰버린 세발자전거

유아차 안을 기웃거리는 계절
멍멍 멍멍멍, 까칠한 상전 소리

유리알이 빠진 검은 뿔테를 쓴
붉은 리본을 단 낑낑거리는 오늘

놀란 신호등, 빛의 근육을 당긴다
이름이 뭐예요?
똥을 싼 검정 비닐 안 질문들

사람과 사람을 이어주는 징검다리

봄 닮은 직립이 그리운 세상
해맑은 아기 미소, 지금은 점검 중이다

발톱 없는 눈

꽃향기로 여름을 가득 채운
복사가 불가능한 시선

연꽃 터지던 꽃대의 고고함도
허무한 살점으로 말라간다

표정이 얼어붙은 연못
먼 곳으로 날아간 새 한 마리

눈발의 부드러운 소리는 맑다

자물쇠 풀린 호수
뿌리까지 내려간 언 살갗을 녹인다

발톱 없는 눈
연못을 차분한 숨결로 잠재운다

마늘을 읽어 주세요

사리를 바가지에 담아요

삶의 고통을 건너온 시간들
데굴거리는 속살을 건져 올려요

긴 목을 빼고 바람과 싸웠을
너무 늦게 알았어요

통마늘 한 겹씩 벗겨 내면
여자의 매운 눈물이 따끔거려요

다른 한 겹, 세월을 벗겨 내면
아린 슬픔이 투명하게 비치고

마지막 발효된 슬픔 사이로
반짝이는 눈망울이 하양으로 열려요

가을이 되면
사리들 하나씩 꺼내 땅에 심으려고요

올여름엔 당신의 초록을 읽어드릴게요

삼각 김밥 번호

수저와 수저 사이의 기다림은
독거노인의 긴 한숨

현관문 열어 놓고
이봐 젊은이, 날 좀 앉혀주게나

뼈만 남은 휠체어 바퀴를 보며
슬금슬금 사라지는 그림자들

뒤척이던 바퀴가 편의점 가는 날
삼각 김밥 하나, 풀지 못하는 남자

하얀 밥과 김 따로, 내 자식들 같다
남자의 일회용 눈물이 쏟아진다

검정 모서리 씹는 서녘의 한 입
쪼그리고 앉은 시간이 중얼거린다

이젠, 삼각 김밥마저 을큰하다

창고의 슬픔

총탄 소리가 하얗게 내린다

밖에는 개 짖는 소리가 붉다
장갑차는 저녁을 밀고 여자는 절망을 연다

담요 안 속살이 저항한다

누이도 조국도 부슬부슬 터진 울분이 뜨겁다

떨어진 속살 하나, 땅속에 묻혀
꿈틀거리며 머리로 내일을 든다

우크라이나, 가슴 잃은 봄이 다시 일어선다

곡선을 동경하다

나침판 잃은 새 한 마리 푸드덕
벌레 하나 입에 물고 날아든 창고
슬픈 아침이 붉어진다

유리창 너머 소나무의 푸른 유혹은
하늘을 날고픈 날갯짓을 부추긴다
투명창에 머리를 수백, 수천 번 부딪쳤을
소나무의 곡선을 동경한다

새는 자신을 온몸으로 부숴버린 거야
아버지가 그랬지 새벽 시장에 매달려
공사판 유리창에 핏빛 노을 번질 때까지

멀리서 들리는 목쉰 교회 종소리
땅거미는 한 번쯤 뒤돌아보며 가는 거야
누군가 쪽문 하나 오늘로 펼쳐놓았는데

술에 취한 아버지는 새처럼
한 평의 방을 빠져나오지 못했다
앞만 보고 달려온 방부제 뿌린 슬픔은
공허한 바람 소리일 뿐

창문을 펼치면 대문이 되고
오늘을 펼치면 내일이 되는데

당신은 어느새 언덕 위 종소리가 되었습니다

베이비박스

창고 바닥에 죽어있는 새 한 마리
출산 기록은 숲에 있지만 출생 신고는 나무에 없다
유령이 된 새, 텅 빈 베이비박스
창문 밖의 모진 말들은 쪼글거린다
비를 맞고 날개를 접었나 봐, 굶어 죽은 거야
죽은 아기새 주위로 작은 벌레들이 조문을 온다
작은 종이 상자에 넣어 묻어 주려고
새의 날개를 드는 순간 구더기가 바글거린다
여린 살을 파고드는 고통, 어제와 오늘이 뜯겼다
외면과 무관심의 순간, 살점은 제물이 된 거야
다시는 푸른 숲으로 돌아갈 수 없는
죽음에 이르러 알게 된 세상
불온한 도시에서 불온한 사랑이 미등록된 출생신고
죄책감마저도 씹어 먹은 도시의 슬픔들
말문을 닫은 모진 에미를 대신해
7월의 하늘은 수문을 연다

매미

목이 찢어지게 우는 그늘이 없는 배경
벗고 또 벗은 여름은 뜨거운 13평

캄캄한 진흙 속, 날개의 불협화음
가난의 살 떨림은 무죄다

임대 아파트를 뚫고 나온 본능
날개에 기생하는 대출이자

울음은 뼈가 드러난 7월의 비명
고열을 앓는 아스팔트 위, 허물 벗은 죽음 하나

지나가는 사람들 발밑에 매달린 무례한 귀
발소리, 숨소리 사라진 무채색이다

뭉크의 절규

두렵다는 것은 슬픈 것이다

어미를 넘어트린 덩치 큰 염소

칠판 위에 붙은 교훈
분필 가루가 되어 교실 안이 술렁인다

무질서는 유죄일까? 무죄일까?

옆구리 차기로 운동화 날아오고
교사의 비명은 털이 뽑혔다

글썽인다, 겁에 질린 어린 눈망울들

밟지 말아야 할 스승의 그림자는
구석기시대 유물이 되어 밟힌 지 오래다

병원으로 실려간 어미는
암막 커튼을 친다

다시 초원으로 돌아갈 수 있을까

천년이 흘러도 변하지 말아야 할 것들
뭉크는 불안한 내일을 다시 부르고 있다

날개 없는 앵무새

아침마다 지하철을 타는 남자
파스만 한 카드를 댄다

앵무새가 낡은 가방을 마중 나온다

행복하세요 띡
낡은 등산복이 지나간다
행복하세요 띡
김밥 한 줄 든, 검정 비닐봉지 간다
행복하세요 띡

허공에 무수하게 뿌려진 마른 말들
도시는 절망을 버릴 시간도 없다

행복은 허공에 썰물로 빠져나가는데
날개도 없는 앵무새여! 잠잠하라

지하철 게이트를 지나는 순간
수천 마리의 심장 없는 앵무새 목소리

행복하세요 띡
행복하세요 띡 띡
행복하세요 띡 띡 띡

경계

풍경이 흐려지는 오후
믿을 수 없게

수화기를 타고 건너온 말들
창백한 유리가 된다

유리창과 입김 사이
무럭무럭 자란 말들이 세상 밖에서
누군가의 접시에 오른다

사람과 사람 사이 먼 풍경이 된다

유리창을 손바닥으로 지운다
누군가 험담하고 간 수식어들

거짓을 끓인다
뚜껑 열고 올라오는 김이 차갑다

포터의 물은 컵을 데우고
거짓말의 온도는 봄을 끓인다

하염없이 내리는 눈, 말의 속살을 얼린다

참과 거짓의 경계는 입김 하나 차이

축분

해마다 봄이 되면
나무 밑에 빛바랜 계절을 수북이 준다

닭 울음, 돼지 울음, 소 울음을
둥글게 굴린다

축분도 쓸모가 있는데
나는 세상에 무슨 흔적을 남길까

빨간 고무장갑을 턴다
상념들을 허공에 푼다

옆구리 터진 하루를 바닥에 눕힌다
쉼을 컵에 따른다

발바닥에서 올라온 간지러운 새싹들

내 몸 안에서 동물 소리가 터진다

벨 에포크*
― 미셸 들라크루아전

네모난 세상에 눈이 내린다
전쟁은 하늘에 회색 눈썹을 단다
총 든 사람은 세상을 맹수로 그리지만
미셸은 붓으로 평화를 그린다

당신의 인생 중 가장 아름다운 시절
언제였나
화가는 강아지로 행복을 싸인한다
유년의 크리스마스는
초록 스카프를 매고 춤을 춘다

파리의 백 년 전 모습은
명암으로 외투를 벗는다
풍차는 돌며 세상 그림자를 지우고
마차 밖 키스는 양산을 쓴다

노을을 들추면 늙은 화가의 그믐달이 나온다
녹아내리는 시간 앞에서 붓을 잡는다

누가, 마지막 정거장에 봄을 켜주실래요

*가장 아름다운 시절을 뜻하는 프랑스어

폭우 메뉴판

목줄 풀린 태양이 빙하를 녹이는 순간

어항이 쏟아졌다 뻐끔거리는 금붕어
몸살을 앓는 오염된 수초들

쏠린 물속으로 살려달라는 남자
백미러를 잡고 버티는 여자

개미가 줄을 서서 기어가듯
자동차들은 블랙홀로 빠져든다

살려달라는 TV 속 아우성은
아나운서의 떨리는 목소리를 잡는다

금붕어는 미쳐가거나 굶어 죽거나 수장되거나

지구의 메뉴판은 너무 비싸다
입맛이 돌지 않은 주문들이 떠다닌다

지구는 천천히 윤기를 잃는다
슈퍼맨이 필요하다

동백꽃, 멍이 차오른다

갯벌, 빨강 다라 침묵의 조개들
끌고 가는 굽은 할미의 질척한 12시간

손에 든 슬픔은 진흙에 빠진 삼만 원을 편다
문턱 너머 짙은 그늘이 가득한 집

손주의 게임판에서 기어 나오는 살기
저녁마다 마중 나오는 주먹질과 욕설

회오리바람 타고 집 나간 며느리,
목숨줄 버린 애비

원망도 일어서지 못한다

본드 삼킨 역행의 시간은
이웃집 손전화 속으로 끌려간다

잡아가지 마
불쌍한 것, 미안한 것, 내 새끼야

할머니 몸, 피멍이 아직도 옹이졌는데

꾀죄죄한 휴지로 지난 시간을 지우는 저녁
동백꽃, 멍이 차오른다

폭포를 복사한다

거대한 절벽의 엔진 소리
브레이크 없는 직선
절망으로 헝클어진 물줄기

남자의 휴대폰 속 우울증
물 먹은 웅크린 빚 독촉장

누가 남자의 하늘에
회색 페인트칠을 해 놓았을까
꽃무늬가 삭제된 신혼의 반지하 커튼

밤마다 폭포를 내려다보며
수천 번도 더 타전했을 그
택배원의 하루는 길게 늘어진 그림자
솟구치는 이자는 수천 수백의 물방울

순간, 뜨거운 피가 물에 섞이는 상상을 한다

폭포의 거대한 회전문이 열리고
낙태되지 않는 생명, 뿜어 오르는 양수

햇살은 바위에 갇힌 울음을 꺼내주고
희망의 폭포를 다시 너에게 복사한다

제4부
크레센도

질투의 4월

공원에 온갖 꽃들 피어나고
살랑거리는 꽃잎의 욕망
봄비 내리면 날개 잠든다

슬퍼서 기쁜 꽃들이여
질투의 눈을 뿌리에 내려놓자
잘난 생명 받쳐주는 들꽃의 미소

강을 따라 함께 5월로 흘러가자
한바탕 소나기 내리면
세상을 향한 온갖 욕심과 질투

흘러가리라, 렁출 렁출

작은 꽃들아, 세상을 들어 올려라
태양이 등 뒤에서 침묵하는 오월을 민다

숲의 노래

숲이 먼저 나를 읽는다

꽃의 미소와 색깔
내 의식 속으로 밀려들면

10월의 숲은
지휘자 손끝의 떨리는 선율

누군가 그리울 때면
가을의 페달을 밟는다

숲은 나를 태우고 달린다

크레센도

봄은 악기다
누군가 몸에 구멍을 뚫어주면
세상을 향해 피리를 분다

자칫 상처 난 영혼이
악기를 다듬으면
노래가 아닌 독침毒針이 되어
한순간 "휙" 태양을 쏜다

대나무 숲에는 무장한
푸른 날개의 군인들이
봄의 지휘봉을 기다린다

나무라 불리지 못한 것들
풀이라 불리지도 못한 것들 위해
직선의 생명을 일으켜 세워라

크레센도, 꽃이 피어오르게 피리를 불어라

추상화와 구상화의 대화

나는 매일 아침 전지를 당한다
여자를 번역하지 못하는 나무

서로의 나이테를 읽어 주지 못한 통증
추상화가 구상화와 대화하는 법을 익힌다

새벽이슬을 나뭇잎 위에 풀어서
하늘로 길을 그리고 시를 쓴다

신발을 벗어야 하나

나뭇잎의 소리와 모난 가지의 눈
자신의 틀 속에서 서로의 길이를 잰다

굳어버린 색채의 뚜껑을 여는 남자

한 방울씩 떨어지는 나무의 수액으로
땅에 서툰 그림을 그리는 남자를 본다

마른 봄이 점점 부드러워지는 순간이다

골목의 그림자

새벽 3시 50분
꼬리를 남긴 봄, 살점 하나 떨어진다
검은 패딩 지퍼는 골목을 벗고
끝까지 끌어올린 겨울을 내린다

골목의 그림자를 쓸어 담는 빗자루
벌겋게 상처 난 어제를 지운다

겹겹이 끼어 입은 대출이자
이마에 두른 머리띠 불빛은
둥근 아침을 맞이한다

화단에 무성한 집 나간 실루엣
전단지 말풍선은 변명 가득하다

압구정역에서 월계역으로 돌아가는 길
고개를 떨군 꽁초 담뱃불 창가에서 졸고 있다

가을 기도

오색으로 물든 숲에 들면
하나님의 손길이 쏟아집니다

구부러진 숲길을 걷다 보면
마음 밭에 오솔길이 펼쳐집니다

거미줄에 걸린 천연 보석들
하나님이 만드신 예술작품

바위틈 보랏빛 여뀌꽃이 올린 기도
내 마음까지 곱게 물듭니다

새들이 가을을 노래하면
하늘에 내 마음이 파랗게 닿습니다

온 대지를 휘감는 침묵의 기도가 맑습니다

호수를 빗질하다

스르륵 배를 깔고 뱀처럼 내려앉는 고요
엉켜있는 물을 빗질한다

거울 속에 비친 별은 통증을 마주한다

물의 혀에 수없이 달려 있는 빛깔
그린 사파이어는 둥근 잎으로 핀다

빗질을 한다
상처 난 호수가 새벽을 가른다

숲 사이로 푸른 감사를 흘려보낸다
양수에 뿌리내린 것들이 꿈틀거린다

호수는 윤기 나는 빛을 반듯하게 넘긴다

12월

오랜만에 손바닥을 펴본다
무수한 날들이 잔금이다

빨강 눈알을 단 어제와 오늘
몸을 반지하에 눕힌다

여자의 오늘이 콜록거린다
일 년 내내 가시에 찔렸다

12월은 매서운 것 다 잊으라 한다
바람을 기쁨으로 보내라 한다

마음은 바위에 뿔을 단 고드름
찬바람 명치끝 여전히 파랗다

오후의 햇살은
수상한 12월 몸살을 절단한다

금계국

하늘은 긴 눈썹을 달고
태양은 금가루 뿌리니
호수는 노란 꽃물로 번집니다

스치는 바람에 잘 가세요
금계국 섬세한 목소리
내 마음에 꽃잎 하나 달아줍니다

몇 발짝 더 걷다가
얇은 꽃잎 떨고 있어 다시 돌아옵니다

물속에 손을 넣어
그 얼굴 쓰다듬으니 오월이 놀라
노랗게 달아납니다

새해가 내려요

꿈틀거리는 지난 시간의 내장들
끊어진 소통 위로 눈이 내린다

방전된 몸으로 새해를 넘어온 사람들
아픈 손톱에 첫눈을 발라준다
뽀얀 속살이 차곡차곡 쌓인 달력을 단다

말풍선에 매달린 섬들은 소통하고
유리벽을 타는 용서가 녹아내린다

새해 복 많이 받으세요

새가 찰칵 찍어 놓은, 첫눈 오는 날
핸드폰 속에서 풍겨오는 사람 내음
눈사람은 서로의 안부를 그렁한 눈발로 묻는다

까똑 까똑 까똑

추석과 짜장면

누가 그려 놓았을까

달력에 숫자 하나 붉은 보름달에 갇혔다

창틀은 눈썹을 깜박거리며
새벽을 치켜뜬다

옆방 할망구 아들 왔다고
얼굴은 꽃무늬 양산이 된다

해처럼 자동차도 소나무에 걸렸나

오지 않는 자식들 안부는
고양이가 물고 달아난다

양로원 원장은
Y 할머니의 굽은 오후를 차에 태운다
시들어 버린 웃음에 색감을 입힌다

점심에 짜장면 어때유
오지 않는 혈액형들, 까맣게 잊어유

김 씨 할머니 짜장면 그릇엔
끊지 못한 인연이 수북하게 담겨있다

1월

언 땅은 부러진 힐의 비번을 연다

텅 빈 벌판에 홀로 선 여자
기울어진 오후의 고뇌가 앙상하다

세월을 쉼 없이 긁적거린 발자국
움츠린 변명의 단추를 차례로 채운다

새해는 막다른 골목의 끝이 아닌
땅과 하늘의 몸을 12번 문질러
가슴에 문장 하나 거는 일이다

마지막 기도

가을이 너처럼 떨리는 것은

가지 끝에 꺼지지 않는
등불 하나 매달아 놓아서다

심장마다 떨리는 붉은색
칼끝, 붙잡고 싶은 사랑이다

젊음은 불안한 사랑을 노래하고
늙음은 마지막 사랑을 노래한다

때로는 짧게, 부드럽게,
때로는 지독하게, 슬프게,

가지 끝에 매달린 생명 하나

누가
저 등불보다 간절한 기도를
가을 하늘에 매달아 놓을 수 있을까

새해는 세모난 눈이 내린다

엘리베이터가 없는 5층 아파트에 내리는 눈
계단을 오르는 발바닥이 형광등처럼 껌벅거린다
택배 아저씨가 1층에 던져 놓고 간 우울증을 앓는 짐들
주인을 기다리는 택배는 서쪽 옆구리가 터졌다

술에 취한 남자는 손바닥으로 집 한 채 헐고
친정에서 돌아온 여자의 빈손은 떨고 있다
먹물을 풀어놓은 15평, 숨 쉴 곳이 더 이상 없다
젖은 책처럼 부풀어 오른 전세금

여자는 깨진 거울을 테이프로 붙인다
반찬 없는 늦은 오후, 수장된 식은 밥
이불속 아이들의 구슬은 세모 칸 앞에서 정전된다
눈이 내리고 으르렁거리는 방들은 점점 기울어진다

바닥에는 오징어 게임이 그려져 있다

저녁이 욱신거린다

같이 밥을 먹자는 이야기는 외롭다는 뜻

텅 빈 거실에서 전화를 건다
뚜뚜뚜 뚜뚜 뚜

오지 않는 안부를 냉장고에 붙이고
식재료들을 스캔한다
만두가 허공에서 뇌파를 건드린다

간택된 식재료들
호박, 표고버섯, 김치, 두부…

뜨거운 여름을 건너온 여자를 닮은 야채들
칼날이 그녀의 과거를 내리친다

상처 난 저녁이 욱신거린다
구멍 뚫린 면보자기는
물컹한 우울을 지그시 누른다

류머티스에 걸린 여자의 손가락에 매달린 가족들
까맣게 탄 표고버섯 닮은 오늘
사라진 지문은 가난을 뽑는다

도마 위에 그저 썰리고 다져진 시간뿐

그런 뒷모습이 안쓰러워 하얀 반죽을 밀어
흩어진 상처를 꼭꼭 오므리고

손끝으로 보듬고 분을 발라
그녀의 고독을 하나씩 찜기에 올린다

인덕션을 켠다

남은 인생을 뜨겁게 익힌다
차마 삼키지 못한 그녀를 분다

어머님의 이력서

1933년 충남 서천군 장항읍에서 태어남
1940년 여덟 살
    어린 동생 업어주지 않는다고 대막대기로 매 맞음
    대나무가 부서진다
    용당산에 올라가 빠져 죽으려 함
1943년 열 살
    검정 가마솥을 걸어놓고 식구들 밥을 함
    방앗간에서 가져온 왕겨를 한 주먹씩
    아궁이에 넣고 불을 지핀다
    밥을 태우면 "다리를 짝짝 찢어 죽일 년"
    엄마 욕을 먹고 자란다
1945년 열한 살
    일제 말기에 초등학교 입학
    비 맞고, 눈 맞고 개근함
    우리말은 빼앗기고 일본말로 숫자를 배운다
    "이찌 니 산 시 고 로쿠 나나 하찌 큐 쥬-레"
1950년 열여덟 살
    6.25 전쟁 터짐 목사님들 잡혀감
    교회가 텅텅 비었음, 교인들도 사라짐
    오빠는 무섭다고 달아나고, 혼자서 교회를 지킴
1953년 스물한 살
    교회 총각과 장로님 모시고 약혼식

1955년 스물세 살
      장흥역에서 열차를 타고 서울로 도망감
      식당에서 주방 일을 배움
      식모 일을 하면서 돈을 모으기 시작함
1956년 스물네 살
      흥남부두에서 배를 타고 남한으로 피난 온
      남자를 만나서 결혼함
      방앗간, 솜틀집, 만화가게…
      남편의 빚보증으로 가사를 탕진하고
      지방으로 내려감
1968년 서른여섯 살
      남은 돈 탈탈 털어 손바닥만 한 땅을 사서
      포도 농사를 시작함, 포도나무 아래
      딸기도 심는다
      하루에 2시간 잠을 청하고 노동을 함
      주민등록증 하러 갔는데 지문이 없어 집
      으로 돌아옴
1979년 마흔네 살
      3개의 포도밭을 일궈서 자식들을 배불리
      먹이고 대학 보냄

어머니를 그리는 詩

아플까 봐

포도송이 안에는 한평생
어머님이 흘린 눈물과 땀방울이
고스란히 녹아 있다

여름이면
포도알을 깨물지 못한다
누군가 너무 아플까 봐

어머니를 그리는 詩

부채와 어머니

여름밤이 깊어가도
부채를 놓지 못하시는

어린 손주, 장성한 아들
뜬눈으로 부채질하시는

여름은 다가왔는데
덩그러니 주인 없는 부채

어머니를 그리는 詩

작은 집

숲에 들면
내 마음속 어머니가
작은 집에 살고 있다
숲이 우거져 지붕을 덮으면
그리움이 사라지려나

굴뚝 연기가 하늘로
흩어지면 어머니 얼굴도
지워지려나

▌평설

『장미는 고양이다』와 사물화의 차별성
― 이효 시인의 담백한 격조와 시적 형사形似

엄창섭 (가톨릭관동대 명예교수, 아태문인협회 고문)

1. 삶의 조화로움과 시적 형상화

 최소한 맑은 영혼의 소유자에게 '감성의 빛남과 자아 다스리기'는 극심한 대립과 갈등의 상황에서도 끝내 경계할 일이다. 왜 시를 쓰는가. 왜 시인이 되었나. 한세상 살다 보면 누구에게나 고통과 슬픔이 따르게 마련이다. 고통과 고독을 끌어안고 살아야 하는 일상에서 시인은 시를 쓰지 않을 수 없다. 세상은 결코 사랑으로 충만하지 않음으로 미움과 배신의 현장을 목격하는 현실에서 시인은 사랑을 발견하는 존재이다. 까닭에 현재 아태문인협회 이사이며 인사동 시인협회 사무국장인 이효 시인이 오랜 망설임 끝에 묶어내는 제2시집 『장미는 고양이다』(책나라, 2024)야말로 저마다 분별력을 지닌 이 땅의 충직한 독자의 기대감을 충족시켜 주기에 부족함이 없다. 따라서 'A(원관념)=B(보조관념)'의 메타포(metaphor)는 거부감을 수락하지 않기에 시집 평설에 앞서, 평자가 20여 년 남짓 인사동시인협회 태동 당시 지도교수의 직함으로, 또 현재는 아태문인협회의 고문직을 담당하기에 지대한 관심사로 소홀히 지나칠 수 없는 부분이다. 또 한편 빛나는 존재감의 이효 시인이 시집의 서문 격인 「시인의 말」에서, "눈동자에 빛이 들어온다// 새벽을 통과한 나뭇가지들// 잎맥은 속도를 기억한다// 태양이 나뭇잎 위로 미끄러지면/ 은빛으로 변한 들고양이들// 비광飛光의 춤을 춘다"라는 그 황홀한 꿈과 설렘은 또 하나의 신선한 충격이다. 그렇다. 최소한 정신작업의 종사자라면 응당 따뜻한 감성을 지니고 밝은 사회를 지향한 한 사람의 구성원으로서 '하늘의 언어인 감사感謝'에 공감하되 일관되게 상처받은 영혼의 치유治癒에도 고뇌할 일이다. 따라서 『장미는 고양이다』와 사물화의 차별성 – 이효 시인의 담백한 격조와 시적 형사形似의 전제는 특정한 시인의 개별적인 창조 활동이기에 그 자신의 생산적 결과물은 다양한 시각에서 접근하고 조응함에 그 명료성이 확증된다.

    모처럼 미국의 사상가인 랄프 왈도 에머슨이 그 자신의 『성공이란 무엇인가?』에서 역설한 "당신이 살아있기에 단 한 사람의 인생이라도 조금 더 쉽게 숨 쉴 수 있었음을 아는 것, 이것이 진정한 성공이다."라는 지혜로운 삶의 잠언에 시인들과 함께 감사하는 바이다. 이효 시인은 등단 이후 시 짓기에 전념하며 따뜻한 배려와 타자 간의 헤아림이 남달라 '사상과 서정의 미묘한 선상에서 온전한 미학적 시 세계를 구축하여' 존재감을 확증 받은 맑은 영혼의 소유자이다. 따라서 영국의 셰익스피어가『사랑의 헛수고』(4막 3장)에서 "사랑이 말을 할 땐 천상의 모든 신들이 소리를 맞춰 합창하며 온 하늘 전체가 황홀해진다."라고 제시하였듯이 새로운 시문학지형도를 펼쳐낸 이효 시인의 시적 형상화는 '시는 사랑의 발견'이라는 격조 높은 정신풍경화를 보여주고 있어 이채롭다.

어디까지나 확고한 정체성을 그 자신의 시적 수용성에 평자 또한 가일층 근접하여 '오! 놀라운지고.'라는 삶의 일상에서 불현듯 만나는 신선한 감동은 엄숙한 생명외경심生命畏敬心이다. 비교적 형식상 호흡이 간단하고 현대적 기법을 최대한 적용하여 표현상 다소 풍자와 역설逆說의 미학을 보여주는 시집의 편집구조는「1부 꽃, 초인종을 누른다(17편), 2부 루주가 길을 나선다(17편), 3부 발톱 없는 눈(17편), 4부 크레센도(16편)」의 그물망은 치밀하게 결結 고운 시 창작의 지평을 넓히고 있어 지켜보게 된다. 따라서「삶의 조화로움과 시적 형사形似」로 결속結束한 그 자신의 담백한 시격詩格은, '지나온 눈 맞춤은 어제의 과녁을 뚫는' 상황일지라도 "여자의 징검다리는 벽 속에／ 갇혀 과거를 더듬는다(장미꽃을 켜는 여자)"에서의 일면처럼 깊은 사상에 몰입하는 정신력이 직관적이라면, 시간의 관점에서 주시하는 정신력의 한 방법은 그 관조觀照의 세계와 맞물림이다.

소나무 숲에서 끊어진 기억

사무침이 깊어 고딕체가 된 꽃

여자의 징검다리는 벽 속에
갇혀 과거를 더듬는다

지나온 눈 맞춤은 어제의 과녁을 뚫는다

심장은 사랑에 관해 질문을 던진다

내 가슴에 블랙홀을 만들고 떠난 그

돌이킬 수 없는 우울의 침잠

마지막이란 입술을 읽다가 잠에서 깬다

슬픔을 기억하는 심장은 말을 아낀다
장미꽃을 다시 켜는 여자

        -시「장미꽃을 켜는 여자」전문

 각론하고 '독자를 위한 배려로 치밀하고 꼼꼼한 시 감상을 곁들여 깊고 따뜻한 배려를 결손처리 없이 담백한 격조'로 빚어내어 새삼 시적 효용성을 높여주고 있다. 이 시는 '세상은 악이어도 꽃을 피운다'는 샤를 보들레르의 '악의 꽃'을 연상시키기도 한다. 현대시는 고도의 언어예술이다. '기억'과 '장미'는 상징symbol 적인 것으로서 기호와 같은 역할을 한다. 시인의 언어의 추상성이 자기만의 빛깔과 향기와 맛이 돋보이게 하는 시이다. 또 한편 시편「꽃, 초인종을 누른다」

의 시 심리의 충격 뒤 도솔천兜率天의 꽃비는 아닐지라도 '놀란 벚꽃이 하르르 쏟아지는' 황홀경을 접한 끝에 "발꿈치 들고, 꽃잠 깬 무희들/ 그 소리, 참 하얗다// 바람이 가야금 줄에 올라탄다/ 봄이 튕겨져 나오는 소리(벚꽃 1)"는 하얀 벚꽃을 응시하면서 또 다른 시, 지극히 탐스러운 붉은 동백꽃을 응시하면서도 '저 가지 끝에 주먹만 한 슬픔이 피었더라'라고 나직이 읊조리는 시인의 시적 형상화는 마침내 "하늘을 펼쳐놓고/ 붉은 사랑 한 송이씩 떨구니// 살 끝에 남은 그리움/ 동백꽃 한 송이 말을 잃는다(동백꽃)"에서의 예시처럼,「봄을 붙인다」에서 각 시의 동질성을 끈끈하고 매끄럽게 이어주고 있다. 이처럼 시인은 '변화의 몸부림과 격랑의 고된 세월을 동시에 드러냄'을 시적으로 형상화하였기에 '악연일까, 인연일까'라는 물음 앞에서 '잡풀들의 목을 비튼, 나는 지명 수배 중임'을 어설프게 자인할지라도 "겨울을 견뎌낸 눌린 숨소리// 몸살 같은 봄의 서막이 오르고/ 저 푸른 여름을 향해 바람은 뜨겁다(나는 지명 수배 중)" 또한 '벽을 허문 경계선→ 봄의 서막→ 푸른 여름'의 맞물림으로 '꿈의 미학 즉 동질성의 관망은 지대한 관심사다.' 새천년도 이후 시인의 심리는 사회의 부조리가 극심해지면서 낯설게 하기가 한층 더 심해지는 것 또한 사회현상으로 볼 수밖에 없다.

2. 상상력의 확장과 생명 기표의 다양성

  모름지기 감정의 절제에 의한 영혼의 잠식으로 해

석되는 시인의 시 정신은 푸른 생명의 언어로 직조된 전율 같은 가슴 떨림이며, 그만이 겪는 황홀함이기에 미적 주권은 순수서정으로 빛난다. 또 그렇게 「국수가락을 달빛에 풀어」내는 삶의 일상에서 가을이 깊어 '오늘, 그 감을 따야 하는데 당신은 가을과 함께 먼 곳으로 떠나신' 그 아쉬움을 따뜻한 마음으로 승화시키고 있다

　　당신과 함께 심었습니다
　　손가락만 한 감나무

　　돌짝밭 손끝이 닳도록 함께
　　땅을 파내려 갔습니다

　　바람은 햇살을 끌어다 주고
　　가족은 새벽을 밀었습니다

　　오늘, 그 감을 따야 하는데
　　당신은 가을과 함께 먼 곳으로
　　떠나셨습니다

　　식탁 위 접시에 올려진 감 하나
　　차마 입으로 깨물지 못합니다

　　한평생 자식들에게
　　하나님의 사랑과 헌신을
　　온몸으로 땅에 쓰고 가르치신 어머니
　　그렁한 내 눈은 붉은 감빛이 되었습니다

　　　　　　　　　　　－시「감나무와 어머니」전문

지금은 흙으로 돌아가신 어머니와 함께 40년을 땅을 가꾸고 감나무를 심고 함께한 시인은 가슴 찡한 그리움과 비장감이 오롯이 묻어나는 시에서 진정한 한 사람의 시인으로서 정감을 보여준다. 어느 날 탐스러운 감을 따며 어머니를 그리워한다. 익어가는 계절 앞에서 시인의 마음도 '사랑과 헌신'을 깨달으며 익어가고 있다. 인간이 인간적일 수 있음은 사랑과 고통을 몸소 보여주고 함께하며 지내온 역사적 공감일 것이다. 그 공감이 그리움을 소환하여 감동을 자아낸다. 다음 시 「루주가 길을 나선다」는 '그리움의 운명은 파랗고, 거울 앞 침침한 시간 앞에서 운명을 바르는' 시적 추구를 갈망하는 현대 여성의 심리를 형상화하고 도식화한다. 시적 정감은 더욱 또렷하고 선명하게 나타난다.

   그리움의 변명은 파랗다

   인연은 호수에 배를 띄워 다가가는 것

   거울 앞 침침한 시간들

   부러진 루주 끝에도 심장은 뛴다

   내가 먼저 길을 나서는 것은

   슬픔과 후회가 거기 있기 때문
   운명을 바른다

                           -시 「루주가 길을 나선다」 전문

새로운 시대에는 새로운 어법과 새로운 시어가 필요하다. '그리움'은 '파랗'고 부러진 '루주'에서도 '심장'은 뛴다와 같이 루주로 '운명'을 바르고 길을 나서는 시인의 정서 변화가 현대여성의 심리를 함유하고 있어 시적 텐션이 높은 작품이다. 길을 나서는 것은 또 그렇게 삶의 일상에서 '올가을 당신 닮은 숲을 볼 수 있을까요?'라는 물음이 주어질지라도 "숲에서 아버지 닮은 눈빛을 찾는다// 여름을 지나 채도를 낮춘 가을/ 온화한 빛으로 나를 안아준다/ 바람이 쓸고 간 먹먹한 시간들/ 바위에서 꺼낸 아픈 문장들(붉은 가을을 토한 당신)"의 보기에서나 또는 "꽃무늬로 흔적을 남긴다// 마음에 창문을 내고, 깊고 우렁한 이름 하나/ 기억의 나무에서 말은 건다// 첫눈이 나무에 앉으면/ 돌아온 첫 키스가 새초롬히 꽃처럼 핀다(첫눈이 내리면)"에서 다시금 확인될 것이다. 그 같은 맥락에서 '첫눈이 내리는 그 설렘'은 첫 입맞춤 뒤의 전율戰慄인 까닭에 그 자신도 끝내 '새초롬히 꽃처럼 핀다'로 이미지를 형상화하고 있다.

각론하고 한편 '태양도 샤워를 마친 여름 여자의 가슴에 가을이 흐른다'라는 시적 발상에 의한 묘미妙味도 한층 더 이채롭다. "울타리 안 감나무/ 매달린 감은 할머니 엉성한 이// 시집온 지 여러 해가 넘은 새댁/ 뱃속은 언제나 공실// 익지 않은 시퍼런 말/ 툭, 떨어진다/ 입맛은 화석이 된다(꼬물거리면 좋겠다)"에서처럼 짐짓 묵언으로 응시하는 서울태생의 현대적 상징이 따뜻한 감성의 변화를 보여준다. 이효 시인의 첫 시집『당신의 숨 한 번』(책나라, 2022)에 뒤이어「장미는 고양이다」의 시편에서도 예외 없이 궁

정적 정서와 청정한 시적 소양의 심상으로 일상의 삶과 자의식을 진솔한 개아적 차별화로 빚어낸 일련의 행위에서 삶의 중량감은 지극히 상대적이다. 까닭에 보편적 시론에 견주어 감성의 저항이란 정서의 변곡점을 지나온 정신적 생산물은 시적 수사가 형상화되는 시인의 심상心象이 담백한 시격詩格에 투사되어 존재감이 더욱 빛난다.

  물새 발자국 따라가니
  천년 뱃사공 노래 흐른다

  한강의 싱싱했던 눈
  아파트 병풍에 둘러싸여
  백내장 걸린다

  푸른빛을 잃어버린
  백제의 유물처럼 건져 올린
  죽은 물고기 떼, 녹슨 비늘

  펄펄 뛰던 꿈은 비린 표정
  비누 거품 집어삼킨 물고기들
  점점 부풀어 오른 탄식

  맑게 흘러가야 사람이고 강물이지
  강물을 빠른우편으로 부친다

                    −시「한강은 춤추고 싶다」전문

  '천년 뱃사공 노래 흐른다.'를 식별하는「한강은 춤추고 싶다」또한 그 자신이 시적 정감을 시적 상상력에 배합시킨 수사적 기법(craft)의 활용이 특이하다. 푸르던 '한강' 주변엔 아파트로 가득하여 백내장에 걸린 강은 빛을 잃어가고 있다. 거품을 삼킨 물고기들이 죽어가는 현실을 직시하는 시인은 맑게 흘러야 사람이고 물이라며 무자비한 개발의 현장을 고발하는 시로써 생태환경 시로도 부족함이 없다. 현대시는 현대가 갖고 있는 흐름을 대변할 수 있어야 한다. 위의 시가 그러하다.

꽃향기로 여름을 가득 채운
복사가 불가능한 시선

연꽃 터지던 꽃대의 고고함도
허무한 살점으로 말라간다

표정이 얼어붙은 연못
먼 곳으로 날아간 새 한 마리

눈발의 부드러운 소리는 맑다

자물쇠 풀린 호수
뿌리까지 내려간 언 살갗을 녹인다

발톱 없는 눈
연못을 차분한 숨결로 잠재운다

-시 「발톱 없는 눈」에서

문학적 실험은 서정성을 배제한다. 현대사회의 다양한 존재들은 자유와 개성 또한 다양하고 독특하다. 해서 21세기 현대시는 난해할 수밖에 없다. 시제 「발톱 없는 눈」은 우리가 흔히 노래 부르던 서정성을 배제한다. 현대시는 노래하는 시에서 읽는 시로 변모했다는 것을 인식시키는 시이다. 현대시의 기호체계인 기표와 기의를 해독해야 한다. 시적 배경은 초겨울이며 꽃향기로 가득했던 여름을 지나 황량한 겨울이지만 호수에 눈이 녹아 사라지는 모습을 발톱 없는 눈으로 표현한 상상력을 극대화시킨 시이다. 특히 시집 편집구성상 다음의 시도 연결된다. '하얀 밥과 김 따로, 내 자식들 같다 남자의 일회용 눈물이 쏟아진다'처럼 현대적 풍물을 모티프로 사각의 도시 풍경의 그 허망하고 처연한 그 양상이 맥을 같이 한다. "현관문 열어놓고/ 이봐 젊은이, 날 좀 앉혀주게나// 뼈만 남은 휠체어 바퀴를 보며/ 슬금슬금 사라지는 그림자들(삼각 김밥 번호)"에서 확증되는 이채로운 실상도 마찬가지이다. 또 한편 '두렵다는 것은 슬픈 것'인 까닭에 때로는 '겁에 질린 어린 눈망울이 글썽일지라도' 노르웨이의 표현주의 화가인 에드바르 뭉크의 연작 중에 '핏빛의 노을이 지는 오슬로의 하늘을 배경으로 괴로워하는 인물을 묘사한 그림'을 소재로 삼아 쓴 시가 불안한 현대성의 미래를 잘 표현해 주고 있다.

두렵다는 것은 슬픈 것이다

어미를 넘어트린 덩치 큰 염소

칠판 위에 붙은 교훈
분필 가루가 되어 교실 안이 술렁인다

무질서는 유죄일까? 무죄일까?

옆구리 차기로 운동화 날아오고
교사의 비명은 털이 뽑혔다

글썽인다, 겁에 질린 어린 눈망울들

밟지 말아야 할 스승의 그림자는
구석기시대 유물이 되어 밟힌 지 오래다

병원으로 실려간 어미는
암막 커튼을 친다

다시 초원으로 돌아갈 수 있을까

천년이 흘러도 변하지 말아야 할 것들
뭉크는 불안한 내일을 다시 부르고 있다

—시「뭉크의 절규」전문

　때로는 암울한 삶의 현상에서 '밟지 말아야 할 스승의 그림자는 구석기시대 유물이 되어 밟힌 지 오래이기에' 비정한 현대의 오늘의 교육 현장은 더없이 암울하다. 인간성이 사라지고 무질서가 난무하는 과격해진 학생들, 일찍이 '25시'의 저자 게오르규는 '시인의 마음을 아프게 하는 사회는 병든 사회'라고 말했다. 화가 뭉크의 '절규'를 시적 배경으로 차용한 시적 언어 형상화가 독특하다. 예술이 독창성 없이 남의 것을 모방하는 것 또한 '아류'로 본다. 주제의 선택이 감각적이며 성찰을 이끌어내고 있다. 모름지기 40년 남짓 수채화를 그린 '인류의 스승' 헤르만 헤세가 동물적인 대상을 일절 거부하고 '꽃밭에 물 주는 정원사'만 유작으로 남겼듯 '붓으로 평화를 그리는 미셸의 화폭 앞에서', "파리의 백 년 전 모습은/ 명암으로 외투를 벗는다/ 풍차는 돌며 세상 그림자를 지우고/ 마차 밖 키스는 양산을 쓴다// 노을을 들추면 늙은 화가의 그믐달이 나온다/ 녹아내리는 시간 앞에서 붓을 잡는다// 누가, 마지막 정거장에 봄을 켜주실래요(벨 에포크*-미셸 들라크루아전)"에서 시적 미감은 신선한 충동이다. 그 같은 맥락에서 자신의 관조적 삶을 통해 언어예술로 직조해 낸 「동백꽃, 멍이 차오른다」에서 새삼 확증되고 있다.

  갯벌, 빨강 다라 침묵의 조개들
  끌고 가는 굽은 할미의 질척한 12시간

  손에 든 슬픔은 진흙에 빠진 삼만 원을 편다
  문턱 넘어 짙은 그늘이 가득한 집

  손주의 게임판에서 기어 나오는 살기
  저녁마다 마중 나오는 주먹질과 욕설

  회오리바람 타고 집 나간 며느리, 목숨줄 버린 애비
  원망도 일어서지 못한다

  본드 삼킨 역행의 시간은
  이웃집 손전화 속으로 끌려간다

  잡아가지 마
  불쌍한 것, 미안한 것, 내 새끼야

할머니 몸, 피멍이 아직도 옹이졌는데

꾀죄죄한 휴지로 지난 시간을 지우는 저녁
동백꽃, 멍이 차오른다

-시「동백꽃, 멍이 차오른다」전문

    시인 자신의 시편은 다양한 삶의 체험을 현대적 사유思惟를 통한 응축된 낯익은 언어들이기에 모호성이나 현학성玄學性이 드러나지 않을뿐더러 시적 감응은 동시다발적으로 독자와 교감 되고 있다. "손에 든 슬픔은 진흙에 빠진 삼만 원을 편다/ 문턱 너머 짙은 그늘이 가득한 집// 손주의 게임판에서 기어 나오는 살기/ 저녁마다 마중 나오는 주먹질과 욕설// 회오리바람 타고 집 나간 며느리, 목숨줄 버린 애비(동백꽃, 멍이 차오른다)"도 그렇듯 매몰찬 시장의 논리가 지배적인 이 시대의 충직한 독자에게 '무관심은 죄악이다.'라는 역설은 삶의 일면에서 지극히 교시적敎示的이다. 마치「숫타니파타(Sutta Nipāta)」에서 '그물에 걸리지 않는 바람'으로 풀이하였듯 바람의 미감은 풍요의 숨결을 뜻하기에, 가슴이 저며 오는 고통이 따를지라도 풀꽃의 향을 풍겨내는 감미로운 삶에 끊임없이 추구하여야 한다. 특히 비열한 이기주의로 치닫는 현대산업사회에서 모호함과 다양성을 심층적으로 수용하여 감동의 회복을 위한 깊은 사유思惟는 외면할 수 없다. 그렇다. 절망의 끝이 보이지 않아 한층 미래가 불투명한 현상에서 '최소한 정신작업의 종사자라면 항상 귀를 열어놓아야 한다.'라는 그 나름의 시적 행위는 지극히 지혜로운 삶이 잠언적이다. 따라서 지극한 지극선至極善의 심성으로 시적 이미지를 엄격히 통제하고 즉물적 현상을 적확하게 '삶의 구조와 직물 세계의 상황인식'이 수용된 그 자신의 시편에는 '합리성, 그 모순에 대한 사유'에 묵언의 응시로 무위자연'을 읊어내되 '현실에 안주하는 여백의 틈새를 허락하지 않는 적확한 언어의 조합이 자리매김하고 있다.

3. 개아個我 다스리기와 시적 합리성

일단 바람의 통로와 생명 기표의 교신이라는 양상樣相에서 창조하는 영혼은 아름답고 위대하기에 가슴 따뜻한 정신작업의 종사자라면 소외와 갈등으로 인해 마음의 깊은 상처(trauma)로 좌절한 타자에게 힘겨운 삶의 일상에서도 꿈과 비전을 일깨워야 한다. 근간에 실험을 통해 좋은 예술작품이나 종교적 희열에 의해서 깊은 감동을 얻게 될 때, 인체 내의 면역체계에 강력하고도 긍정적인 작용이 발생되어 암세포를 공격하는 현상이 입증되었다. 진정한 삶의 좌표와 가치, 발상의 전환이나 고정인식의 틀 깨기로 결론짓고 '생명의 씨앗을 뿌리는 농부의 보폭'으로 지상에서의 축복받는 삶을 허락한 신 앞에 감사하는 시인의 시적 행위는 지극히 합목적이다. 또 한편 오웬의 "시인의 소임은 시대적 상황에 경고하는 것이다."라는 인식의 전환에 감동의 마침표 하나도 놓치지 않는 관념의 일탈逸脫이야말로 스스럼없이 경계할 일이다.

봄은 악기다
누군가 몸에 구멍을 뚫어주면
세상을 향해 피리를 분다

자칫 상처 난 영혼이
악기를 다듬으면
노래가 아닌 독침毒針이 되어
한순간 "획" 태양을 쏜다

대나무 숲에는 무장한
푸른 날개의 군인들이
봄의 지휘봉을 기다린다

나무라 불리지 못한 것들
풀이라 불리지도 못한 것들 위해
직선의 생명을 일으켜 세워라

크레센도, 꽃이 피어오르게 피리를 불어라

-시 「크레센도」 전문

까닭에 시집의 제4부에 수록된 시편 일체를 그 자신은 '점점 크게'라는 악상기호인 크레센도(cresendo)로 처리하여 클라이맥스에 달하고 있다. 시의 본질은 상상력이다. "봄은 악기다/ 누군가 몸에 구멍을 뚫어주면/ 세상을 향해 피리를 분다" 상상력이 대단하다. 문학은 아픈 상처를 깁는 명약임을 보여주는 시이다. '굳어버린 색채의 뚜껑을 여는 남자'로 변주變奏를 시도하고 시적 상상력을 확장하여 '추상화와 구상화의 대화'로 "새벽이슬을 나뭇잎 위에 풀어서/ 하늘로 길을 그리고 시를 쓴다// 신발을 벗어야 하나// 나뭇잎의 소리와 모난 가지의 눈/ 자신의 틀 속에서 서로의 길이를 잰다(추상화와 구상화의 대화)"의 보기나 "스르륵 배를 깔고 뱀처럼 내려앉는 고요/ 엉켜 있는 물을 빗질한다// 거울 속에 비친 별은 통증을 마주한다// 물의 혀에 수없이 달려 있는 빛깔/ 그린 사파이어는 둥근 잎으로 핀다(호수를 빗질하다)"를 통한 그 추이推移는 유의미하다. 기실 특정한 시인의 정신적 생산물을 놓고 생명 기호에 의해 통일된 체계의 유지와 정체성의 확인 작업은 어디까지나 '우주의 신비를 캐어내는 현상'으로 가늠할 수 있다. 또 한편 『카프카와의 대화』에서 체코의 작가 구스타프 야노흐가 "고향을 알기 위해서는 타향으로 떠나야 한다."라는 그 역설만큼이나 그 자신의 지혜로운 삶의 교시教示는 적절성을 수용한 감각적인 묘미는 다음의 시편인 「마지막 기도」에서 잘 나타난다.

가을이 너처럼 떨리는 것은
가지 끝에 꺼지지 않는
등불 하나 매달아 놓아서다

심장마다 떨리는 붉은색
칼끝, 붙잡고 싶은 사랑이다

젊음은 불안한 사랑을 노래하고
늙음은 마지막 사랑을 노래한다

때로는 짧게, 부드럽게,
때로는 지독하게, 슬프게,

가지 끝에 매달린 생명 하나

누가
저 등불보다 간절한 기도를
가을 하늘에 매달아 놓을 수 있을까

-시 「마지막 기도」 전문

 "온 대지를 휘감는 침묵의 기도가 맑습니다"라는 시적 감응에 맞물린 '누가 저 등불보다 간절한 기도를 가을 하늘에 매달아 놓을 수 있을까?'라는 반문이 주어지는 삶의 일상에서 '가지 끝에 매달린 생명 하나!' 저토록 최후에 드려지는 절박한 기도문은, "가지 끝에 꺼지지 않는/ 등불 하나 매달아 놓아서다// 심장마다 떨리는 붉은색/ 칼끝, 붙잡고 싶은 사랑이다(마지막 기도)"에서처럼 확증되다가 끝내는 맑은 영혼에 투사되어 '칼끝, 붙잡고 싶은 사랑이다'와 같은 절박한 시 심리의 변주는 '지상에서 유일한 하늘의 언어인 감사'에 잇닿고 있다. 그 일념은 충만한 생명감에 못내 날(刃) 푸르다. 그렇다. 「새해는 세모난 눈이 내린다」에서 '주인을 기다리는 택배는 서쪽 옆구리가 터졌다'라는 그 자신의 공감각 처리로 개아적인 차별성은 놀랍거니와 "여자는 깨진 거울을 테이프로 붙인다/ 반찬 없는 늦은 오후, 수장된 식은 밥/ 이불 속 아이들의 구슬은 세모 칸 앞에서 정전된다/ 눈이 내리고 으르렁거리는 방들은 점점 기울어진다// 바닥에는 오징어 게임이 그려져 있다(새해는 세모난 눈이 내린다)"에서 직물 대상을 매개로 그 감응과 관조는 현대성을 융합시킨 우월성에 그 존재감은 한층 빛난다. 모름지기 시인의 치밀한 편집 구도로 보이는, 1933년 충남 서천군 장항읍에서 태어난 '이 지상의 가장 위대한 이름! 어머니(장용애 여사)'의 이력서 뒤, 헌정시로 묶어낸 '부농을 이룬다-어머니를 그리는 詩' 시편의 의미망은 새삼 이채롭다. 비교적 호흡이 길지 않고 격조格調가 담백한 시인의 시집 부록에 잇닿은 「어머니의 이력서」(〈아플까 봐〉, 〈부채와 어머니〉, 〈작은 집〉) 3편은 못내 비장감이 묻어나 무채색의 정신풍경화는 그 아득한 정한과 감회感懷에 눈물겨워 가슴 뭉클하다.

그 사실을 장미는 알고 있을까

앙칼스러운 눈빛, 날 선 발톱, 애끓는 울음소리
고혹적으로 오월의 태양을 찢는다

지붕 위로 빠르게 올라가 꼬리를 세운 계절
고양이 모습은 장미가 벽을 타고 올라
왕관을 벗어 던진 고고함이다

때로는 영혼의 단추를 풀어도
찌를 듯한 발톱이 튀어나온다

왜 내게는 그런 날카로운 눈빛과 꼿꼿함이 없을까

내 심장은 언제나 멀건 물에 풀어놓은 듯
미각을 잃는 혓바닥 같다

고양이의 주체적이고 독립적인 눈빛은
장미의 심장과 날카로운 가시의 고고함이다

고양이는 붉은 발톱으로 오월의 바람을
川 자로 할퀴고 간다
장미의 얼굴에는 오월의 핏빛이 칼날 위에 선다

나는 오월의 발톱을 기르고 있다

-시 「장미는 고양이다」전문

  끝으로 시집의 표제 시로 간명한 호흡에 나직한 음조音調로 직물 대상이 선명하게 투영된 '장미와 고양이'의 대칭 관계는 영혼이 맑은 동반자와의 합일로 신선한 감동을 독자에게 던져주는 시이다. 매혹적인 장미의 가시와 고혹적인 고양이의 발톱이 동일시되는 동일화의 시적 형상화가 이채롭다. 고양이의 애끓는 울음소리가 오월의 태양을 찢으며 벽을 타고 오르는 모습이 대칭적이며 고혹적이다. 이 시는 문학이 일상의 경계를 넘어 피안의 세계로 가는 상상과 수사적 기법을 특별하게 보여주고 있으며 식물성인 꽃과 동물성인 고양이의 대응이 독특한 시다. 결론적으로 시인은 자신의 정신적 생산물에서 관조와 사유가 잇닿은 삶의 일상이 육화된 것을 시적으로 형상화하였기에 그 삶의 궤적은 자존감으로 빛나고 있다. 또 한편 시어의 상징성은 깨달음의 위상으로 구도 처리하였기에, '살아있는 자만이 춤출 수 있다'라는 삶의 경계로, 호라티우스의 라틴어 시 구절인 "카르페 디엠(Carpe diem)"은 항상 기억하고 생명의 시학으로 그 정체성을 확장해야 할 것이다. 까닭에 '극소수의 창조자'로서 당당한 자존감의 이효 시인에게 평자로서 한결같은 기대감을 가지며 드리고 싶은 말은 '역사적 소임을 온전히 수행하라.'라는 것이다. 모쪼록 삶의 현상에서 소외된 인간관계의 틀을 허무는 인위적 제도를 영혼의 노래로 변형시키는 실체로서 개아個我의 각성에는 가혹하고 엄격한 담금질이 필요하다. 표제 『장미는 고양이다』처럼 "식물성인 꽃과 동물성인 고양이의 대응"의 일면은 푸른 생명의 언어를 끊임없이 채근探根하는 막중한 역할을 담당하고 있어 거듭 요청하는 바이다.

이 효 제2시집

장미는 고양이다

초판 인쇄	2024년 7월 25일
초판 발행	2024년 7월 30일

지은이 이 효
펴낸곳 도서출판 책나라
등 록 110-91-10104호(2004.1.14)
주 소 ⓤ 03377 서울시 은평구 녹번로 3가길 14,
        라임하우스 1층 101호
전 화 (02)389-0146~7
팩 스 (02)289-0147
홈페이지 http://cafe.daum.net/sinmunye
이메일 E-mail / sinmunye@hanmail.net

값 13,000원

ⓒ 이 효, 2024
ISBN 979-11-92271-29-3

* 이 책 내용의 전부 또는 일부를 재사용하려면
  저작권자와 도서출판 책나라 양측과 협의하여야 합니다.
* 저자와의 협의에 의하여 인지를 생략합니다.
* 파본은 구매 서점에서 교환하여 드립니다.